푸른 바람

서금자

도서출판 한글

푸른 바람

2025년 11월 20일 1판 1쇄 인쇄
2025년 11월 25일 1판 1쇄 발행
저　　자　서금자
발 행 인　심혁창
디 자 인　박성덕
인　　쇄　김영배
마 케 팅　정기영
펴 낸 곳　도서출판 한글
서울특별시 마포구 신촌로 270(아현동) 수창빌딩 903호
서울 사무소 서울 영등포구 신길로 41리길 13-9
☎ 02-363-0301 / FAX 362-8635
E-mail : simsazang@daum.net
창　　업 1980. 2. 20.
이전신고 제2018-000182

* 파본은 교환해 드립니다.
* 정가 13,000원
ISBN 978-89-7073-650-1-03130

『푸른 바람』
(울산광역시 2025 예술인 창작준비금 지원사업 수혜)도서

시인의 말

시가 있는 날들은
당신의 무릎 아래에서처럼
첫 순수 그대로
덜 찬 여명에 마음껏 감탄하기
뻔히 아는 일상을 놓아보기
사랑의 포승줄에 맹목적으로 묶여보기
너와 나 사이 책갈피 같은 것
끼우지 않기

‖ 목 차 ‖

시인의 말 / 3

1부 거울 앞 시간 / 9

거울 앞 시간 / 11
무심한 허공도 / 12
어느덧 / 14
돌아보니 / 15
아, 옛날이여 / 16
그림자 다짐 / 18
파도물결 그 밤 / 19
태풍에게 / 20
봄의 훈김 / 22
겨울 가지산 / 23
호수공원길에서, 봄 / 24
오늘, 무궁화 / 26
세월이 전하는 말 / 28
간 큰 봄나들이 / 30
천왕봉, 그날 / 31
가파른 오늘 고개 / 32

6   푸른 바람

35 / 2부 푸른 바람
37 / 가을 잎맥으로 남을
38 / 푸른 바람
40 / 흘러간 강산
42 / 시작을 다짐한다
43 / 선물
44 / 오랜 인연
46 / 과거시험 갑니다
49 / 오늘을 씁니다
50 / 다시, 꿈
52 / 오색나물 이름으로
54 / 추억을 조우하다
56 / 사촌 언니
57 / 가을맞이
58 / 그냥 여기에
59 / 가을에 온 손님
60 / 같은 말 다른 느낌
62 / 못다 한 말

65 / 3부 별이 머무던 집
67 / 발의 문장
68 / 달빛 기별로
69 / 여주

수다 넘치는 가슴으로 / 70
다시 춘향전 / 72
열반행을 빌며 / 74
유월, 갈대에게서 / 75
숟가락의 거짓말 / 76
봄날의 시장은 / 78
검정 고무신 / 80
해바라기에게서 / 81
오늘은 웃자 / 82
별이 머무던 집 / 83
보름달, 햇 희망으로 떠오르고 / 84
광복날 염원 / 86
거리는 불을 끄고 / 87
넘침은 모자람만 못하다 / 88
어버이 날에 / 90

4부 거룩한 침묵 / 93

이화에 달빛 내리고 / 95
거룩한 침묵 / 96
무량한 팔월 첫날 / 98
지금 이 순간 / 100
죽어도 죽지 않는 / 102
햇살 속으로 / 104
햇귀 한 조각 거두어 / 105

8 푸른 바람

106 / 그 곳, 아침 풍경
107 / 한계령, 그 날
108 / 치자꽃
109 / 오월에 서다
110 / 장마, 그 시냇물
111 / 답장은 없어도
112 / 행복한 서리꾼
114 / 가고 싶어라
115 / 간절곶 섣달그믐
116 / 김삿갓을 더듬다
118 / 어진 백성 되어 있더니

121/ **5부 무소유**
123 / 무소유
124 / 경주 열암곡 마애부처님
126 / 도갑사 용수폭포
128 / 정토사 방생법회
129 / 성덕대왕신종 앞에서
130 / 마산 이원수문학관 문학기행
132 / 출렁이는 발길
133 / 박재삼 문학관 문학기행
134 / 주검 하나
135 / 시인의 말

1부
거울 앞 시간

거울 앞 시간

너 누구니?
타래치는 이마물결 누가 준 거니?
낯선 한 사람 거기 서 있다

약초와 홍삼으로 안동네 다지고
새빨간 입술 새빨간 투피스 겉 동네 치장해서
행여나, 거울 앞에 다시 서 본다

어슴푸레한 낭만들이 뒷걸음치고
저만치서 들보처럼 튼실했던
그날들이 서성거린다

세월이 떨어뜨린 살뜰한 부스러기들
어디서 많이 본 듯한 한 사람
품 열어 끌어안아야 할 시간.

무심한 허공도

마을 어귀 쓰다듬어 냉각 중이던 언덕에
봄꽃이 조근조근 피었습니다
금계국 꽃양귀비 수레국화

그곳에 서면
부산하던 걸음 잦추러들고
송란*이던 마음에 물길 냅니다

오늘 쟁점은 삭막한 도시환경에 관한 자책입니다
모서리들 치료하려
바람은 저리도 배냇짓 멈추지 않은데
나는 그날
하찮다 눈길 주지 않던 죗값으로
한나절을 머무르고 있었습니다
메마른 것들이 봄빛으로 꽃물들고 있었습니다

쓰다듬으면 꽃이 되는 걸
무심한 허공도 아름다운 여백이 되는 걸
바쁜 걸음 멈추고 알았습니다

* 송린 : 물고기 비늘처럼 된 늙은 소나무의 겉껍질.

어느덧

한 번쯤 재연할 수 있는 삶이면 참 좋겠다

가난한 하루 그 무게에서 벗어나려
해감내 물컹거리는 강가를 서성거렸던 일
희로애락 수 많은 그날들
웃는 것보다 우는 게 더 익숙해지며
그 발걸음으로 여기까지 왔네

어느덧 어르신이라 버스자리를 양보받고
먼 곳 발돋움해 실눈 뜨고 보며
위험타 고마운 충고를 듣고 산다

이제
부모님 하해같은 사랑 알 것 같은데
조금은 철들어 가는데

돌아보니

기로에 선 그날
하늘도 바람도 잿빛이었고
비상구는 보이지 않고
짜임새 없는 내 모습만 몸피를 키웠지

성찬이라 내놓은 음식은 모두 소태맛
'세월이 약이라'던 나긋한 그 말 향해
'너 살아봐라' 핀잔이라도 주고 싶었는데

오늘 돌아보기
세월은 황송한 약이었네요
굽이굽이 돌고 돈 강산이
세월을 다독여 주었네요

아, 옛날이여

친구들 모여라
'전설 따라 삼천리' 한다
라디오의 우렁찬 말이 울타리를 넘으면
자야 순이 숙이 망이지로 마루를 겅충 넘어
이불 속에 발을 넣곤 했다

동수 삼수오빠 곁다리로 따라오면
우린 손사래로 굳게 문 걸어 잠궜지

장난끼 발동한 오빠들 한 손으로 문 제끼고
도깨비 귀신 흉내로
휘-익 바람 일으키고
히-힝 흰 이빨 보이고
어 허 허 음흉한 웃음짓고

우리는 약속한 듯

외마디 비명을 지르며
귀 막고 눈 막아
이불 속을 헤저 인양 파고들었지

뒤란 감나무 빨갛게 단풍 들던 그 가을날
우리는 몸으로 전설의 고향을 쓰고
모두 주인공이 되었지

수련되지 않은 가시나 머슴아 개구졌던 그날들
한 번만이라도 다시 돌아가고픈

아, 옛날이여!

그림자 다짐

당신의 뒷자리에서 나는 어둠을 지키겠습니다
유채색 그 유혹을 탐하지 않겠습니다

단애의 난관에서도 속속들이 당신을 헤아리겠습니다

해그림자로 내릴 그날까지 조화로운 이중창을 위해
한눈팔지 않겠습니다

벚꽃 장례행렬 이루는 봄날도
사랑 찾는 매미 목 아픈 여름날도
당신 곁을 지키겠습니다

그리고 일편단심 당신과 한 몸임을 잊지 않겠습니다

파도물결 그 밤

밤바다에 스며든 누마루 정자
별똥별은 입술을 훔치고
가슴에 공룡발자국 수없이 찍었지

'삶은 쓴 맛을 알아가는 거란다'
박찬*이기 그지없던 지난날을
파도말이 다독이며 너울지고
갈매기들 춤사위
끼룩끼룩 웨딩마치 풀어내고 있었지

잠들지 못한 소녀의 밤이
파도물결로 밤새도록 뒤척이던 그 날
세월은 저 만치서 내일을 손짓하고 있었네

* 박찬 : 변변하지 못한 반찬.

태풍에게

그대 또 왔구나
울며불며 몸부림치며
너덜길 돌아돌아 왔구나

큰 발걸음 나는 알고 있지
때가 되면 도지는 당신의 몽유병
어쩔 수 없이 시공을 헤매야 한다는 걸

내가 유추해 보건대
사랑은 말일세
온몸으로 고백하는 건 아니라네
그런 몸짓은 서로에게 진력나게 할 뿐
끌밥*처럼 잔잔한 울림이 쌓여야
사랑은 자라는 것

큰바람 그대들 결과는 뭐였나
원망만 키우고 그리움은 지우고

지금 꿈꾸고 있는 작은 바람들에게 일러 주게나
그렇게 떠벌리는 사랑은
흠모하던 여인들조차 달아난다고
진정한 사랑은 끝내 이룰 수가 없다고

* 끌밥 : 끌로 나무를 팔 때 나오는 부스러기.

봄의 훈김

잔설 키운 힘으로
개울물 리듬을 타면
나무들은 기지개 켜 봄을 부른다

호수 얼음 쩌렁쩌렁 어깃장을 놓아도
방죽은 서둘러 봄 그릴 화선지를 마련한다

민들레 제비꽃 뱀딸기 금강초롱
서로를 해칠 줄 모르는 봄이 훈김으로 돋아나고
개나리 진달래 사랑빛이 천지를 물들인다

꿈같은 오늘, 이월 초이튿날

겨울 가지산

애교로 살랑거리던 잎새들
나목이란 이름 뒤에 모두 숨었다

벽두 새벽을 깨워
시린 달도 차가운 별도 품고 있더니
텅 빈 섬돌에 앉은 햇살 더 부시다

겨울 된바람으로 다잡은 몸
눈보라 냉수욕 목욕재계 하고
묵은때 벗은 찬란한 봄 준비하고 있다

겨울산이 가장 빛나는 순간이다

호수공원길에서, 봄

호수공원길 개나리 울타리
분수대의 숨결로 백발 수염 달고
동지 새알 수로 나이 한 살 보태고 있다

봄이 온다는
바람의 귀띔은 어김없이 정확했고
삼월이면 곳곳에 노랑 풀어
얼었던 심장 풀어준다

코로나19 백신 구한다
지경돌*로 다지듯 Tv 말씀은

날마다 목청을 돋우는데

다시 살아온 봄
추임새 흥겨운
어울렁더울렁 너와 나 어깨동무

무겁게 간절하게 소원해본다
속살 내맡길 아침을 가만가만 헤아려본다

* 지경돌 : 터를 다질 때 쓰이는 크고 무거운 돌

오늘, 무궁화

나라꽃 무궁화
산처녀, 태화강, 배달민족
예쁜 이름 달고 태화강 국가정원에 다시 태어났다
울산 대현동 사람
심경구* 무궁화 박사가 팔십 평생 결석 없이 키운 아가들

생계가 어려웠던 그 시절
붉게, 하얗게 희망처럼 피워 주던 꽃
배달민족 얼 새겨 나라 안녕을 빌어준다고
정원수로 가로수로 손 맞잡고 가꾸었다

우린 지금 어지간히 배가 부른데

무궁화는 말없이 배가 고프다
일간지에서 수없이 피고 지는 꽃들

무궁화는 눈 씻고도 찾을 수가 없다
요즘 아이들 무궁화가 나라꽃인지
나라꽃이 있는 줄이나 아는지
무궁화 사랑
작은 나라 사랑이
크나큰 우리를 피워놓을 텐데

* 심경구 : 울산 야음동(대현) 사람으로 무궁화 박사, 충남 천안시에
  무궁화 연구소가 있음, 태화강 국가정원에 무궁화 동산
  이 있음

세월이 전하는 말

그는 벽시계를 빌려 인사말을 하고 있다

째깍째깍
잘 가세요, 오월
어서 오세요, 유월

돌풍에도 작달비에도 눈 깜짝 않는다
시간과 옴살* 되어 오늘을 채근할 뿐
그를 되돌리는 일
어떤 신도 적수가 되지 못한다

그냥 지금을 열심히 살란다
째깍째깍

* 옴살 : 마치 하나의 몸같이 가까운 사이.

간 큰 봄나들이

코로나 역병에도 우린 간이 컸다
군항제도 생략한 진해로 벚꽃마중을 갔다
무더기로 피어난 분빛 환희에
감탄사란 감탄사 공범으로 훔쳤다

코비드에 간 졸이던 시간을 놓아버리고
탑공원 365 계단길 오른다
종아리에 힘주어
'아직은'이라고 거드름도 피우고

쪽빛 출렁이는 바다 둘렛길
우린 개선장군이라도 된 듯
'참말로 좋다 내년에 또 오자' 입을 모은다
실개천처럼 물줄기가 가늘어진 소녀적 꿈
콸콸콸 돌아오는 차 안에 넘치고 있었다

천왕봉, 그날

백두대간 산맥이 남으로 흘러온 곳
지리산 가장 높은 봉우리
야호! 목청껏 소리치면
주눅 들었던 시간들이 햇살을 버무린다

노다지로 쏟아내는 자연광
먼 길 돌아와 피워낸 천연의 빛
가을 이른 갈참나무 바람결 문양으로 어서오라 손
짓하고

세석평전 칠천계곡 뱀사골계곡 구룡폭포 용추폭포
묵은 전설이 내 속살 깊은 부스럼을 치유하고 있었
다

가파른 오늘고개

 일곱 살 일 학년 학교공부 돌봄교실 태권도학원 미술학원 하루가 가파르다 직장 간 아빠 엄마 퇴근에 맞추려면 시간틈새를 잘 봉합해야 한단다 집에 오면 울보 되기 직전 입술이 부러 텄단다 그 말 삼킬 수 없어 닷새만 짬 내어 할머니 되기로 했다 내 머리로 시간표를 짰다 오늘 시간표는 학교공부 태권도학원 그 다음은 깔끔하게 생략, 할미 앞장선 등굣길 워킹스텝이 한 참 신난다

 제 엄마 점심시간 짬 내어 아이 집에 데려다 주면서 4시까지 태권도학원에 함께 가 주란다 마치면 딸이 데리러 갈 거란다. 태권도 시간 맞춰 아이를 데려다주고 마치면 엄마가 온다고 일러 주었다

 집에 와서 할미백 믿고 어린이집 결석한 작은아이와 말장난하고 있는데 딸의 다급한 전화 아이가 미술학원에 이십 분이 넘어도 오지 않았단다

태권도학원에서는 보냈다 하는 데, 아이가 집에 왔느냐고, 새파랗게 질린 딸의 목소리. 아차, 태권도에서 미술학원 연결해야 했구나. 저 혼자 집에 와 본 적 없는 아이 혹시나 했는데 역시나. 초 간격으로 오는 딸의 전화, 빨리 찾아보란다 후다닥 작은 아이 손 끌고 엘리베이터 앞에 섰다 나쁜 생각이 줄을 선다
 다시 딸의 전화, 미술학원 선생님이 아일 찾았단다 태권도학원 구석에서 책 읽으며 엄마 기다리는 아이를
휴~ 서부극 한 장면 넘겨 보냈다

 돌봄교실만 생략한다는 걸 꽁생원 티 못 벗은 할미 방식대로 해석한 게다 요즘 맞벌이부부, 아이 양육, 보릿고개보다 더 가파른 고개, 시간강 매겨지는 비싼 임금, 딸은 돌봄님 두라는 내 말에 사람 두면 제 봉급보다 더 나간다고 내 권유에 절레절레 고개

를 흔든다

 배고픈 보릿고개보다 정고픈 오늘 넘기가 더 힘든 요즘, 집단이 만든 오늘의 과부하 배부른 투정에 허기가 진다.

2부

푸른 바람

가을 잎맥으로 남을

햇살이 굴절되면서 여름이 뒷전으로 나앉는다
가을이다, 가을
아, 더워 죽겠어
살벌한 혀끝으로 몇 번이나 당신을 죽이고
나도 죽었지
당신과 백열전으로 싸웠던 날은 벌써
그리움이 되고
있을 때 잘하지 못해 그때처럼 또 후회가 되고

그래도 우리, 속살까지 보여준 날 많았으니
좋은 것만 기억해야지
목 타던 매미 울음 고이 거두며
가을 잎맥으로 남을 우리 지난날
안으며 품으며 살아야지.

푸른 바람
― 무풍한솔길에서

말끔히 닦인 길
들숨날숨 가다듬어
다시 한 생을 시작하라
동짓달 보름달이
생채기 난 허공을 메운다

서늘했던 몸살을 거뜬히 벗어버리고
바람을 잠재운 아스라한 그 길
깊은 쉼 호흡은 아득한 사랑을
신성(神聖)처럼 살려 낸다

까칠한 금연의 침묵을 깨고
호주머니 속에서 만난 손
걸어도 걸어도 숨차지 않았던
무풍한솔길, 평화로운 구름 가득 띄웠던

"폐종양 악성이 아니었네요"
다시 생을 쥐어 준
믿어지지 않던 의사 선생님 무량한 말씀

열심히 죽을 것을 다짐했던
경건하게 죽을 것을 생각했던
네, 하고 순순히 떠날 준비를 했던

소리 없이 피어나는 생의 기도
하루를 십 년으로 산 세월을 지우고
한겨울에 스며드는 따스한 기운
억지로 잠재웠던 푸른 바람이
뜨거운 심장으로 날고 있었다.

흘러간 강산
  – 중학교 해양훈련

보름달 환한 진하바다 걷는데
파도가 그 날을 물어 나른다

중학교 전교생 남자 여섯 여자 셋 모두 아홉 반
2박 3일 진하바다 여름방학 해양훈련

명선도 기준으로
남쪽은 남자 북쪽은 여자
경계엔 선생님

새내기 가시나들 어설픈 솜씨로 텐트를 치고
설익은 칼질로 반찬을 하고
하하호호 수다로 맛을 보태고
열다섯 살 여름밤은 샛별처럼 짧았다

다음날 펼쳐진 모래판 무대

씨름 닭싸움 노래자랑이 뙤약볕에 익고
개구진 선배 오빠 각설이타령 약장수타령
한나절 깔깔깔 웃음꽃 피우고
앞 다투어 그 오빠 팬이 되었지

오늘 진하 밤바다
파도는 그 날을 아슴아슴 쓰고 있는데
자야 숙아 다들 잘 있나
짓궂은 선배님도 잘 계신가요

허옇게 웃고 있는 보름달
세월을 만지고 있는 출렁이는 파도

흘러간 그 날들
힌 번민이라도 다시 가고픈.
아, 강산

시작을 다짐한다

우물 속 어제를 길어 올린다
하세월 일직선을 꿈꾸었던 일
화려한 망토가 부러웠던 일
돌아보니 가짜 삶을 진짜인 줄 살았다

눈 맞추고 오늘을 본다
종양 같은 말씀 무겁게 매달았다
노인, 시니어, 어르신

고맙기는 하지만
거추장스런 이름들 정중히 사양한다
나, 이제부터 시작이다
새 출발이다

휴대폰 손에 들고 휴대폰 찾지만
오늘 아침 당찬 다짐
시작을 다짐한다.

선물

이름값 제대로 하는 미인송 그 숲
바닷가 모래사장도 사뿐히 내려앉았습니다
파도는 청량한 목소리로 연서를 쓰고
바람은 바다 내음 묻혀 연서를 물어 나르고

낯 붉은 소년이 거기에 있었습니다
포장지도 아껴 두고 픈 선물이 되어.

오랜 인연

참 오랜만에 신발장 문을 열어 본다
횡대로 줄서서 여전히 대기 중인 신발들
변함없이 나를 기다리는 이 또 누가 있을까
고맙네, 참 고맙네
이참에 용서와 감사의 말을 전한다
바쁘다는 핑계로 아무렇게나 대한 것
속마음 하나하나 읽지 못한 것

첫술에 배부르지 않다고
천 리 길도 한 걸음부터라고
쥐뿔도 모르면서 욕심 가득한 나를
깨워주어 고마웠네

감당할 수 없는 시간 중심 잡지 못할 때
난장판을 헤매다 허우적거릴 때
바로 세워 주어서 참 고마웠네
함께 한 날들 돌아보며

뿌리에 부끄럽지 말자고
부끄러운 뿌리가 되지 말자고
발끝을 다잡았고
높은 뒷굽으로 자존심 세우며
내일을 꿈꾸기도 했구나

사실은 오늘
젊은 너를 감당하기에 힘이 부쳐
너희한테 어울릴 젊은이를 물색했단다
나와의 그때처럼 한 사람을 보필하며 잘 살게나
너에게 주는 마지막 선물이다
부디 잘 가게나
그리고 행복하게나.

46 푸른 바람

과거시험 갑니다
― 억스님*의 시작교실

뒤늦게 면백이라도 될려나 과거길 떠납니다
어머니 꾹꾹 눌러 넣은 누룽지도 짚신도
다 꺼내 놓은 봇짐
콩 단백질 몇 알 조각난 마음만 챙겼습니다
하늘 천 땅 지 천자문 시간에 배운
스승님 말씀을 따르려고요
버려야 채울 수 있다는

할아버지 석 달 열흘 만에 도착한 길을
나는 축지법으로 하룻밤에
경복궁 근정전에 닿았습니다
어깨가 으쓱해집니다
동이 트려면 한참 먼, 일등 도착
또 의기양양해집니다
할아버지에 이겼고 동문보다 부지런하니

장원급제쯤은 내 편이 되겠지요
'따 놓은 당상'이란 든든한 말은
그냥 모르는 척 할 뿐이지요

봇짐을 풀고 나니 저만치서 동이 트고
불빛에 비치는 경쟁
붓을 든 동문이 여럿 보입니다
영의정 억스님은 억시기도 새벽부터
시제를 올렸습니다
동문 몇은 일찌감치 시제를 완성했고
또 몇은 일필휘지로 걸림이 없습니다

나는 예상 못한 시제로 마냥 우왕좌왕할 뿐
뜬눈으로 지새운 밤들을 요란하게 흔들어도
붓은 무디고 둔탁한 소리만 냅니다

시구 하나 찾지 못한 채
어머니 기도말만 되풀이로 씁니다
'겸손하라고, 비우라고'

* 억스님 : 매일 자정에 시어 다섯 낱말을 주어 시를 습작하도록 밴드를 운영하는 사람

오늘을 씁니다

내 오늘이 기적 같은 선물
속깜냥으로 맞설 내일을 그려봅니다

알량한 선비로 밤을 새우며
누군가를 미워한 것
그리고 사랑한 것
일기글로 쓰겠습니다

세상을 통달한 것처럼
어깨 힘주고 그곳에 섰던 일
헛부엌을 짓고 스스로 민망해 낯 붉혔던 일
편편이 아름다운 추억으로 쓰겠습니다

먼발치에서 바라보는 것도
잔잔한 기쁨인 것을
잔잔한 기쁨이 오래 간다는 것을
오늘 새삼 알았다고도 쓰겠습니다.

다시, 꿈

그녀는 밤마다 날지니*로 하늘을 종횡무진하다가
잠을 깨면 수지니**가 되어 명치를 앓는다지요

희망이 없는 아침이라고
눈 뜨기도 싫은 캄캄한 하루를
온통 침습당한 그녀
적당한 그쯤에서 마침표가 찍히길 빌었다지요

결승점에서 깨달았답니다
다 알면서 몰랐던 사실

내가 웃으면 세상이 웃는다는 것
세상엔 공짜가 없다는 것

오늘 아침
하루를 다시 시작하려 하네요
조심조심 찾아낸 시구

'그래 맞아' 고개 끄덕일 시 한 편
3인칭 시선으로 붙잡겠다고

* 날지니 : 야생의 매.
** 수지니 : 사람의 손으로 길들인 매나 새매.

오색나물 이름으로

추석 차례상 올릴 오색 나물을 만드는 시간
도라지 통실한 머리는
칼자루 망치질로 자근자근 길들이고
고사리 호걸인 양 뻣뻣한 성정은
끓는 물에 참선시켜 느긋하게 기죽이고
콩나물 제멋대로 버릇은
가지런히 세로줄로 바로잡고
표고버섯 곰팡이 부스럼은
뜨건 물에 가뿐히 살균하고
시금치 넘치는 젊음은
끓는 소금물에 어르고 달래어 살려낸다

파, 마, 참, 깨, 간, 설, 후* 양념으로 손맛을 버무리면
비로소 오색나물 이름 하나 얻어
차례상 가운데 자리 떡하니 차지한다

* 파, 마늘, 참기름, 깨소금, 간장, 설탕, 후추 : 기본양념을 외우기 쉽게 줄인 말

추억을 조우하다

새벽종이 울렸네 새 아침이 밝았네
앵성*보다 밝게 퍼지던 그 노래
우리는 즐겨 불렀지
덕분에 경핍도 탄식도 훠이훠이 날려 보냈지
보릿고개는 까끌까끌한 옛이야기로
기억을 떠나고

오늘 직지사에 왔다
새마을 노래도 보릿고개도 아픈 향수도
쓰라린 그리움이기에

비로전 꽃살문을 연다
괘불탱**처럼 벽에서 바라보는 박 대통령 내외분
옛날에는 근엄하고 무서웠는데

오늘은 수심 가득한 이웃 아제같다
제살붙이도 못 챙기는 어버이여서일까
먼 나라 그곳에서도 나라 걱정되어서일까
두 분 바라보며 손을 모은다
'감사합니다'
'미안합니다'

돌아오는 길, 내내 두 마디 기도 말
나를 뒤따르고 있었다.

* 앵성 : 꾀꼬리의 노래처럼 아름답고 고운 목소리를 비유적으로 이르는 말.

** 괘불탱 : 그림으로 그려서 걸어 놓은 부처의 모습.

사촌 언니

"농번기엔 부지깽이도 일을 한다"
엄마는 이른 새벽을 깨우고
언니 올케 동동걸음으로 모심기 나섭니다

몽돌 매단 못줄이 옮겨갈 때마다
외탁한 사촌 큰언니 구성진 노랫가락을
논바닥에 심는다

"이 배미 저 배미 다 심어놓으니 또 한 배미가 남았구나"로 매기면
사촌 작은언니
"지화야 무슨 반달이야 초승달이 반달이지"로 받는다

한 나절도 모자라는 모심기 노래
음치 못 면한 친탁한 나에겐 환상적이다
오뉴월이면 찾아오는 풍경 아직도 생생한데
사촌 언니 가고 그 세월도 가고

가을맞이

치맛자락 바스락거리며 오는 너
등불 밝혀 마중하리라

어머니 숨결로 오는 발자국소리에
나는 또 어쩔 수 없이 역마살에 취할 것이고
시대의 별, 테스형 만담도 준비하리라
그렇게 오롯 너에게 빠져들다가
멎었던 심장 밤새도록 바스락거리길 기도하리라.

그냥 여기에

내 배역은 아내 엄마 그리고 또
아내는 늘 해준 만큼 광채를 기대했고
엄마는 빛나는 내일을 안겨주고 싶었지
수많은 새벽을 깨운 날들
밤이슬 발자국마다 느낌표 새기려
바삭바삭 글 읽는 소리를 내었지

긴 시간 지나 돌아보니
머리가 아닌 대갈님으로 살아온 날이 참 많았네
삶, 딱 한 번만 되살 수 있다면
산호초처럼 살고 싶네

날마다 바다를 읽어 그 스토리가 자산이 되어
하얗게 하얗게 빛이 되는.

가을에 온 손님

잊지 않고 오셨네요
높푸른 저 하늘 저어 오셨나요
버선발로 맞고 싶지만
그 밤 생각하면 걱정이 태산이랍니다
눈 코 귀 잠 못 들어 핼쑥해졌던

여름 장마 그 난적 그 탁류를 가르며 예 왔으니
한 보름만 오롯이 함께하지요
중허리 빳빳이 홍조 띈 그때 기억하면서

그 이상은 안 됩니다
꿀단지 숨겨둔 다른 사랑 기다릴 테니
산골 수북한 별들 눈 깜박거리며 기다릴 테니

이 가을 꼭 그만큼만 다녀가세요
가을밤을 오롯이 앓게 하는
알레르기 당신.

같은 말 다른 느낌

시장가는 길, 소형차 두 대
초보운전 표시가 시선을 붙든다

'배려 감사합니다' 얌전한 궁서체
'가까이 오지마' 두 눈 부릅뜨고 째려보는
무성의체 글씨
겉은 같은데 속은 너무 다르다

하나는 호소하고
하나는 윽박지르고

하나는 만만하고
하나는 겁나고

잘 살아내는 것, 어느 게 정답일까

고모 이모 촌수도 희미해지고

부드럽던 목소리엔 칼날이 박힌다
잡목을 솎아내듯 말씨도 간벌해서
그 옛날 관등제*라도 붙여야 하나

* 관등제 : 관리나 벼슬의 등급을 규정짓는 제도

못다 한 말

  어머니, 아버지 옆에서 영면하게 해 달라던 그 말씀을 지키지 못 했습니다 행여 무연총(無緣塚)이 될까 두려워서라고 온전한 자연으로 보내드리기 위해서라고 남은 자의 변명이 장황했지요 그때 출가 외인인 나는 철저히 못 보고 못 들었습니다 당신이 내어준 불씨 같은 날들로 우린 곁불을 탐하지 않았고 탕아도 면했다는 걸 잘 알고 있으면서요

  한 그루 나무에게 당신을 부탁하고 돌아오던 길 초록 이파리들이 그대로의 당신이었습니다 자연에서 와서 자연으로 간다는 우주의 섭리를 따른 것이라고 번드레한 핑계로 나를 쇠뇌시켰지요 이름표도 없이 보낸 당신을 생각할 때마다 불면을 앓았고 쓸 수도 뱉을 수도 없는 사연으로 강산 한 바퀴를 또 꼬빡 앓았습니다.

오늘 용기를 내어 용서를 빕니다 무릎 꿇고 고개 숙입니다 자식 이기는 부모 없다는 그 진부한 말 한 번만 더 되살려 주십시오

　오늘 심연에 품고 있던 화룡을 날려 보냅니다 훨훨 날려 보냅니다 하늘 끝자락에 저녁노을이 타고 있네요 내 어머니가 훨훨 날고 있네요 산천초목이 온통 어머니십니다 이제 진정 자연으로 돌아가셨네요 걸림 없는 그곳에서 아버지와 부디 영면하십시오 다시 보니 두 분 저녁놀 화룡정점 참 아름다운 화폭입니다 한 강산을 벼루고 벼른 제 간절한 소망이 붉게 피고 있습니다.

3부
별이 머무던 집

발의 문장
    - 해운대 밤바다

해운대 밤바다 모래사장
밟고 밟힌 발의 문장
무수한 어제와 오늘을 써 놓았다

밟고 밟힌 희로애락
달빛은 걱정을 하얗게 쓰다듬고
파도는 쉼 없이 물음표를 던진다

잘 살아 내었는가
잘 살아 낼 것인가
욕심낸 소유들이 밀물로 다가와
밤새워 쓴 문장을 지우고
감탄사와 물음표가 어설프게 어우러진다

하루 이틀 그리고 또 써 내려갈 발이 쓴 문장들
풀었다 조여맨 미완의 헉띠다.

달빛 기별로

사랑방 댓돌 위
가지런히 놓인 고무신 두 켤레에 달빛이 스민다

액자에서 웃고 있는 꽃띠 가시내

분홍빛 촉수가 봄꽃을 틔운다

징검다리 겁나지 않는 물 오른 관절

감사하다 보고 싶다 참 예쁘다
사랑의 언어 두런거리고

오늘 임인년 동짓달 보름
그 달빛 기별로 와 주면 정말 좋겠다.
그대 그리고 그대들

여주

13층 창틀에
도깨비방망이 주렁주렁 매달았다
파랑 노랑 색색의 표정으로
어떤 낌새라도 보이면 사정없이 내리칠 기세다

바람은 더 좋은 곳으로 유혹하지만
울퉁불퉁 팔씨름 근육 내보이며 손사래 친다

그가 있어 우리집 베란다는 여름 내내 무사하다.

수다 넘치는 가슴으로
― 초등 동기와 대운산 한나절

그리움 자욱하던 대운산
어머니 가슴으로 맞아주었다

산자락 감나무도 한꺼번에 홍등 켜
아득한 어린 날 빨갛게 익혀 주고
높은 가지 청설모 자갈돌 차며 오르던
소풍 길 살려주었다

소고기로 감싼 소풍 맛 김밥
고무줄놀이처럼 쫄깃한 수육
팥고물 인정 담은 푸짐한 주걱 떡
색깔로 우려낸 맛깔난 배추김치
어느 맏며느리 손이 우려낸 알싸한 생강차
수다 넘치는 가슴으로 먹으며
너와 나의 따스한 눈맞춤
점심시간이 참 행복했었다

색동 물든 소년 소녀들 편백 숲을 걸으며
'고향의 봄'을 가을에 불러도 좋았다
너의 심장이 내 가슴에서 뛰고
내 심장이 너의 가슴에서 뛰고

낙엽이 사각사각 초침으로 밟혀도
우리들의 그날은 참 넉넉한 하루였다
우리는 매골*되어가는 낙엽을 밟으며
청춘을 단념하지 않기로 했다

* 매골 : 살이 빠지고 파리해져 아주 못 쓰게 된 사람의 꼴

다시 춘향전

"암행어사 출두야"
춘향에게 형벌이 내려지던 찰나
암행어사 마패 찬 이몽룡 출두

변사또는 혼비백산하고
관료로도 인간으로도 종지부를 찍는다
탐관오리 횡포 참아내던 백성들
어화둥둥 춤을 추고

밑도 끝도 없는 이 시대 팬데믹 암흑 터널
언제쯤 햇볕 들까

'다시 티 없는 춘향전'을 반추해 본다
암행어사 출두야 후련한 그 목소리
절정을 찍는 통쾌 유쾌한 그 장면
새삼 그리운 오늘이다

지금 춘향이도 몽룡도 변사또도 가고 없지만
시대에 맞게 각색이라도 되어
너와 나 함께 어화둥둥 춤추면 좋겠다

길고 긴 터널 순례길
정화수 기운 받자옵고 빌어보지만
또 다른 변사또* 붓을 쥐고 있으니.

* 또 다른 변사또 : 코로나19가 물러가나 했는데 변이 코로나의 발현을 말함

열반행을 빌며

칠십년 일기를 마지막으로
변종 바이러스에 손을 들고 말았다
배포 좋은 너털웃음 함께 거두어 가고

날아가는 기틀을 잡지도 못하고
우리는 할 수 있는 게 하나도 없다
네모진 벽을 향해 극락왕생을 비는 일이 전부

낯선 그 길 열반에 들 듯 부디 편안하기를
혹여 쉬어가는 정거장 있거들랑
그대 애창곡 '오빠는 잘 있단다'
초월한 세상 자랑하며 신나게 불러주기를

조문 간 우린 묵언으로 말하고 있었다
'코로나 핑계, 벽 너머 배웅 정말 가슴 아프다고'

유월, 갈대에게서

갈대는 오늘도 허공에 연서를 씁니다
바람이 따라다니며 해찰을 부리지만
손끝 애절함은 깊어만 가지요

남들 다 가진 향기는 없지만
태풍에도 꺾일 줄 모르는 허리가 있지요
지조 없이 흔들리어 어숙해 보이지만
비바람 속 하얀 가름마길 내어줄 당참도 있지요

유월 햇살이 심장을 데우면
그녀는 진중히 연서를 씁니다

사랑의 신호탄을 나라에 바친 당신
"그대를 사랑합니다"
"영원히 잊지 않겠습니다"
바람에 적신 붓으로 연서를 씁니다

숟가락의 거짓말

그녀는 꿀꺽 하루를 살고
또 그렇게 삼켜왔다지요
별도 따주겠다던 남편의 말씀
당신을 향한 초심이라 믿었다지요

조작술이라곤 모르던 그녀의 당신
건하품 참으며 봄여름 저축해 가을엔
근사한 단풍집 한 채를 짓겠다고
겨울 설야는 군불 넉넉히 지펴
고상한 잡념도 얼씬 못하게 막아주겠다고
그 날을 위한 그녀의 하루,
장맛비쯤은 무섭지 않았다지요
그러던 어느 날 식탁 위에 놓였던
숟가락이 없어졌답니다
금도금 일편단심
은도금 무병장수

대들보로 반반 새긴 그 숟가락
숟가락이 거짓말을 했다고
그녀, 목 놓아 웁니다

우리는 알고 있지요
화려한 무대 뒤 무서운 비밀
그런 것 숨기기가 그저 그만인 것을
다 아는 사실을 그녀만 모르고 있었네요
그런데요
내 솔직한 소감을 말하라면
숟가락이 거짓말을 했다고
그녀의 말이 맞다고
사월의 그날처럼
맞장구치며 끄덕이고 싶습니다.

봄날의 시장은

봄날의 시장은 푸른 숨들이 바쁘다

봄의 결기로 붉어진 젊은 힘줄들
머위 엄나무 방풍나물

생판 낯선 생선 누워 있다
미주구리란다
어쭈구리, 그 몸매로 새파란 가스나들 옆에
이목구비 분간 없는 그 통발 자태로

그 옆에 조각달 닮은 때늦은 고구마
빛바랜 자주고름 풀며 눈웃음친다
더 늦기 전에 품어 보란다
겉보다 속살이 괜찮을 거라며

달래 냉이도 호객하는 수완이 만만찮다

있는 대로 곡선을 풀어 젖히는 팔자 허리
하얀 속살 드러내고 손 내밀면 그냥 감길 양이다

그렇게 취하고 그렇게 꼬드기고
그래도 무지 기분 좋아 모두를 품에 꼭 안고
잰걸음으로 집에 왔다

봄날의 시장은 훈풍으로 넘실거렸다.

검정 고무신

엿장수 가위질이 마루 밑을 살핀다
고철은 없고 어머니 검정 고무신
입 안 가득 고이는 침 속으로
가위소리는 멀어져가고
'뭐, 흰색도 아닌 검정인데, 그래 딱 한 번만'
신발 두 짝 들고 마구 뛰었다
엿 네 가락 마파람에 게 눈 감추고
시치미 뚝 떼고 책상 앞에 앉았다

"우리 똥강아지 공부 열심히 하구나"
그날 마음은 완전히 쭉정이
오늘 그 띠지를 풀어 본다
녹지 않은 어머니 사랑 날이 갈수록 소복해진다

꾸중보다 칭찬이 아팠던 그날
알고도 모르는 척 웃고 계셨을 당신은
분명 한 수 높은 스승이셨네요.

해바라기에게서

소리 없는 고백
바람과 구름을 헤쳐
태양에게 닿습니다
시들지 않은 웃음 귀에 단단히 걸고
슬픔은 애당초 모른다고

세상을 항해하는 꽃들의 길라잡이
씨앗마다 알알이 행운을 싣고
침침하고 답답한 가슴들 찾아갑니다

그대처럼 입꼬리 올려도 보고
해맑은 시심 가꾸어도 보지만
명도 높은 그 미소 따라가기 어렵습니다

당신은 표정으로 답을 주네요
세상사, 일편단심으로 사랑하다 보면
그냥 웃어진다고, 그저 웃음이 는다고

오늘은 웃자

베란다 호박꽃이 할매 미소 짓고 있다
옆자리 난도 아기처럼 웃고 있다
낮달도 따라 웃는다

수미산 골짝마다 속속들이 스며든
부처님 말씀을 따라가 본다

안 이 비 인 설 신 의
그 모두 생도 멸도 아닌 空이라고
공정한 천평칭 저울 내 쪽으로 기울여
한 생을 적립해도 그 모두 공이라고
남의 생을 도용할 순 더더욱 없다고

그럴 바엔 차라리 오늘은 웃자
하하호호 결판지게 웃다 보면
남은 생 행여 반짝여 줄지도

별이 머무던 집

― 청도 와인터널

그 집은 계절이 없습니다
태풍도 눈보라도 돌아서 나갑니다

까마득한 아승기*의 와인
오묘한 그 입김으로
동맹도 타락도 만들 수가 있답니다

별들의 점묘**가 끝없이 펼쳐지던 밤
별자리 이야기들이 은밀한 맹세처럼 이어집니다

우리는 다시 겨울로 가는 길목에 서서
별들에게 부탁합니다
사시사철 계절 없는 그 집에 머물러 달라고
다시 찾을 그때까지 기다려달라고

* 아승기 : 수를 표현할 수 없는 가장 많은 수.
** 점묘 : 선을 쓰지 않고 점으로 그림을 그림.

보름달, 햇 희망으로 떠오르고

어화둥둥 강강수월래 커다란 원 안에
보름달이 떠오릅니다
울려 퍼지는 북소리에
원은 점점 커지고 달빛은 환해집니다
마당은 벙거진 화롱*마다 천리향 가득하지요

햇밤 햇감 햇대추
호주머니 가득 채우면
내 가슴에도
딩동딩동 초인종 소리 같은
햇 희망이 찾아들었지요

코로나에 갇힌 올 추석
꽃도 향도 되지 못한 무거운 우리들

어머니 마음으로 기도합니다
'자살'은 '살자'로 납득하라고
'내 힘들다'는 '다들 힘내'로 응용하라고
그리고
조금만 더 참아보자고
조금만 더 기다려 보자고

* 화롱 : 화초나 꽃가지를 담는 바구니.

광복날 염원

싹 틔우던 어린 날부터 미망설*을 앓느라
꽃 피우지 못한 무궁화
억수 같은 광복 빗줄기에
홍단심 백단심으로 달려와
꽃술 빳빳이 세워 하늘 향해 만세삼창을 한다

아름다운 겨레의 꽃 되게 하소서
삼천리 방방곡곡 무궁무진 피우게 하소서
빛 바랜 날, 없는 듯 더 환하게 피우게 하소서
진딧물을 떼어내는 내 손길에
간절한 염원이 따라붙는다.

* 미망설 : 모든 실재 세계가 어둡고 공허하며 환각에 불과하다는 주장.

거리는 불을 끄고

밤을 잃은 네온사인
등롱도 켜지 못한 상가는 흉물이 되어 간다

그 많던 알곡들 다 어디 갔나
쓰레기처리 골치 아픈 등겻섬만 쌓여가고

이골이 나기나 할 것인가
적응력이 생기긴 할 것인가
코로나는 나날이 기세등등해지는데

그 누구 없나요
마음 만져줄 그 누구.

넘침은 모자람만 못하다

나는 오 남매 막내다
소꼴도 베고 나무도 하고 나락도 베고
모내기도 했다

그러나
술법도 모르고 주심도 한 적 없다
그렇지만 기어코 마음 몇 줄 던져야겠다

아파트가 마련한
음식 쓰레기통의 허연 쌀밥
펄떡거리는 숨이 붙은 채소
하늘에서 그저 뚝 떨어진 게 아니란다
쌀나무에 그냥 주렁주렁 달리는 게 아니란다

오래 말고 한 나절만 무논에서 모심기 해 보거라
두어 시간만 뙤약볕 콩밭에서 풀을 매어 보거라

간절한 부탁 말 자전거에 싣고
동네 한 바퀴라도 돌아야겠다

넘침은 모자람만 못하다는 그 말
너희에게서 배우는 아침 입맛이
몹시도 씁쓸하구나.

어버이 날에

　꿩이 제 이름으로 부르는 꿔꿩꿔꿩 추임새가 어머니 어머니 부르고픈 내 마음을 닮았습니다 아득한 그 이름 머금는데 그 날의 기억이 되살아나네요 덕하장날 고산에서 삼십 리도 넘는 길을 장작 한 둥치 이고 갔다지요 서덜거랑* 철교 건너는데 마지막 몇 칸 남겨두고 기차가 왔다지요. 한 발자국 헛디디면 시퍼런 저승, 죽을 힘 다 해 마지막 칸 밟으며 장작을 인 채로 언덕에 굴렀다지요

　기차가 멈추고 기관사가 뛰어오고 당신은 벌벌 떨고 그래도 머릿속은 온통 장작이 무사한가 걱정뿐 "죽고 싶으면 집에서 죽어라"던 기관사의 호통, 철렁거리던 기차 소리보다 더 무서웠다고 그 기관사 바라지**로 엄마를 보았던 걸까요

사무치도록 고마웠다고 늦은 인사드립니다

  기관사를 놀라게 한 게 못내 미안하다고 내일은 순사가 호출할지도 모른다며 밤잠 설치던 그 어진 성근을 새겨봅니다 우린 그날 왜 위로 한 마디도 못했을까요 어머니, 그날 살아주셔서 고맙습니다

  파리 한 마리 죽이고도 좋은 곳에 환생하라 기도하던 당신, 자식 지키는 일엔 전방에서 무장한 장군이셨고 곤한 새벽 깨워 긴 하루를 사셨지요 '가에 ㄱ 기역하면 각' 그 정도의 한글 실력으로 심청전, 성춘향전을 토씨 하나 걸림 없이 읊으며 불면을 다스렸던 어머니 우리는 잠결에 권선징악을 배웠고 간계에 빠지지 않는 지혜를 배웠지요 그 무언의 가르침이 '오늘 여기서 최선을' 내 좌우명을 만들어 주었지요 그 힘으로 무사히 오늘까지 왔네요 오늘 아침 정갈한 카네이션 한 송이 올립니다

이제 그곳에서 더는 새벽 깨우지 마시고 은하수 불러와 차 한 잔 하시면서 심청전 성춘향전을 들려주시어요 그리하여 제 기나긴 불면을 다독다독 다스려 주시어요 생전에 하지 못한 말 오늘에 해 봅니다
"어머니, 사랑합니다"

2020년 5월 8일

---

* 서들거랑 : 울산광역시 망양에 위치한 화야강. 1960년대 불리었던 이름임.
** 바라지 : 방에 햇빛이 들도록 바람벽의 위쪽에 낸 작은 창.

4 부

거룩한 침묵

이화에 달빛 내리고

면사포 두른 하얀 함성
자규는 알까 일지춘심을

은하는 삼경을 헤매는데
그대 향한 마음 심연에 들어
한 허리 베내어 달빛 편에 부치면
물레방앗간 소문으로 그대에게 전해질까

사랑을 담금질하는 비술은 없어도
당신과 나 소수파로 하나가 되는 날
거금대교 소록대교 그날처럼
인연의 다리 영원으로 이어질까.

거룩한 침묵

천둥 번개 무섭던 날
십삼 층 뒷 베란다 거물망에 매미가 왔다
작년 이맘때 꼭 그 자리에

입 다문 부동자세
한 시간 두 시간
하루 이틀

그 동안 속상한 일은 없었냐?
아픈 곳은 없었냐?
잠은 잘 자냐?
오래된 손편지처럼
한 글자 한 글자
내 어제를 꺼내어 만진다

오늘을 다독이던 그 날의 당신처럼

말보다 깊은
말없이 머무는
거룩한 침묵이다.

무량한 팔월 첫날

매미가 새벽을 깨웁니다
가을 입장권은 매미의 특권입니다
칠월 장마에 어룽졌던 하늘도
에머랄드 빛을 회복합니다
사랑을 키우려던 신혼,
그 빛을 넘어선 맑음입니다

오늘은 머리 곱게 빗고 앞섶 여미어
그대에게 바칠 제물을 준비하려 합니다

황금빛 금규화는
제상 가장자리에 사임당처럼 모시고
하늘나라 과일 천도복숭은
한복판에 선녀처럼 모시고
그리고 내 외람된 소원도 올리려 합니다

수없이 계속될 내일
살 끝으로 함께할 무량한 빛으로
고단했던 시간들이
다시 펄떡이게 해 달라고

지금 이 순간

초복을 마중하는 호수는
몸비늘 뒤척이며 산을 품고 있다
하늘빛을 몇 등급이나 올린

그렇게 여름은 숙성되고
한나절을 탐색하고 있노라니
무심히 보낸 어제가 가만히 딸려오고

세월을 빠져나온 못난 사심들이
한 올 한 올 물결에 지워진다

도시를 지나온 바람도
물여울 감싸 여름 낭만을 키우고
아스라한 내 유년도 초록물이 든다

지금 이 순간
깊이 다짐 두는 말

우리 서로에게
그리움이 되자
묵언이 된 말 다시 살려내자

죽어도 죽지 않는

그들은 발 없이도 걸어서 온다
장맛비가 그렇고
큰바람이 그렇다

그들은 통곡도 하고 콧노래도 부른다
천둥으로
바람으로

비는 직선의 결백을 고집하고
바람은 곡선의 모반도 필요악이라 말한다

그들은 겉치레 모르지만
촘촘한 내일을 믿는다
영원히 죽지 않을 묘안을 알고 있는 까닭이다

잠깐 귀 기울여본다

영원히 죽지 않을 묘안이라면
코로나19 물리칠 비책도
그들은 이미 알고 있는 건 아닐까.

햇살 속으로

오랜만에 눈 맞추는 햇살
하늘이 햇살을 품어 13층 우리 집에 들렸다
빛 고팠던 나
벌써 포만감에 내 안이 환해진다

물 폭탄으로 아버지를, 아들을, 남편을 잃은
애통한 별리의 뉴스를 듣지 않아도 되겠다
세상 어디에도 영원은 없다
여름을 송두리째 깔고 앉아
하늘과 땅을 호령하던 물폭탄
이제 그 포성도 햇살 속으로 사위어간다.

햇귀 한 조각 거두어

장맛비 한 달째 내리 쏟는다
어정쩡한 하루가 잿빛으로 저물면
나는 또 끝나지 않을 불면을 시작한다

처진 풀잎들의 시간
야무진 마음으로 가누며
햇귀 한 조각 거두어 화전을 만든다

찹쌀 맵쌀 반 반 섞은 쌀가루로
고답식 방식으로 분풀이하듯 반죽을 한다

새알만한 알심 꾹 눌러
대추알 곱게 저며 꽃 새기고
쑥갓 작은 잎 모아 이파리도 새기고
꽃떡 노릇노릇 구워내
태양신께 비손을 올린다
세월 건너온 악바라지 근성 없는 듯 내려놓고
잔꾀 눈치 그 세월도 내려놓겠다고

그 곳, 아침 풍경

가슴 붉은 여명이 빛살을 퍼 올리면
청계 긴꼬리닭은 아침을 깨운다
백합 산수국 금화규 참나리
이슬에 세수한 어여쁜 여인
그들은 날마다 비금*을 꿈꾸느라 치매를 모른다

비파는 노란 알 훈장처럼 달고
막역간 산새들 부르면
분대질 바쁜 개울물도 트롯 경쾌한 노래가 되고
멀리서 날아온 근사한 여름맞이 무대
하늘이 머물고 바람이 쉬어가는
사랑알 조롱조롱 공연을 하는
아침을 들썩이며 푸른 바다 달려와
내 옆에 가만히 누우면

나는 아주 잠깐 선녀가 되지

* 비금 : 날개를 갖고 날아다니는 짐승.

한계령, 그 날

세속을 씻어내는 물소리
세속을 떠나온 구름
산새들 노래가 반야기도 말로 새벽을 깨우고
멍멍이들도 아침을 적선한 듯
무늬로만 짖고 있습니다

하늘에 풍덩 몸 담가도 좋을
고갯마루에서 읽는 풍경은
어떤 느낌표보다 크게 다가옵니다
닫혔던 마음들이 저마다 문을 열고
묵은 경계를 지웁니다

그 자리에 희망 같은 대문니 하나
꾹 심고 싶었지요
흔들어도 뽑히지 않을
밀쳐도 넘어지지 않을
한계령은 높기만 한 한계를
단박에 지우고 있었습니다.

치자꽃

유월이 눈부시다
제사상에 피어난 그리움
고구마 정구지 명태포에 주홍 입히던 어머니
하얗게 웃고 계신다

다음을 위한 양식처럼 문설주에 매달았던
주홍 주홍 주홍
빛바랜 문설주에 거미줄이 세월을 매달았다

풀벌레는 열아홉 그 날을 읊고 있는데
치자꽃은 엄마처럼 웃고 있는데
따뜻한 가슴 하나 하얗게 식혀 본 날
세월이 조용히 나를 보고 있다

오월에 서다

아까시 하얗게 밤을 밝히고
나뭇잎 연두를 익히고
사랑을 알았고 사랑을 잃었던 오월
그 오월 스무날을 기억합니다

사랑을 보내고
강산을 두 번 바꾼 오늘
나는 기억을 잡으려 그날에 다시 서 봅니다

아까시 이팝 하얀 숨결로 피고 피고

풋내기 숨결을 숨겨준 어둠이 고마웠던 그날
오월은 시작이고 끝이었음을
한마디 말도 남기지 못하고 떠난 당신을
나는 아직 계절처럼 기다리고 있습니다.

장마, 그 시냇물

통도사 앞 시냇물
함부로 대한 날들
거푸거푸 토해낸다

바위에 부딪칠 때마다 저를 다시 다잡아
무채색 그 날들 뜯어보고 파헤쳐 보고
작은 것, 적은 것, 함부로 대한 일
자책하고 용서를 구하고 있다

막장으로 가는 오늘
혹여 재연이 허락되면
'오늘을 함부로 대하지 않겠다'고
황토 빛 인감 꾹 찍어
부처님 앞, 다짐을 하고 있다.

답장은 없어도

그는 심야에만 잠깐 다녀갑니다
그런 날은 장일성으로 편지를 쓰지요

매번의 편지는 허공에서 부침*이 되었나 봅니다
한 번도 답장 받은 적 없었으니

나는 자존심도 없고 체면도 모르는 사람처럼
오늘도 반나절을 기웃거려 편지를 쓰고 있습니다

그리고 한참 생각해 봅니다
죽음의 부당함과 공평함에 대해.

* 부침 : 편지가 받아볼 이에게 도달하지 못하고 도중에 사라짐.

행복한 서리꾼

동네 언니들은 심심하면 모였다
아지트는 우리 집 안방
엄마 외갓집 가던 날 서리 모의를 또 한다
만장일치로 성동댁 감자밭이 당첨되었다
성동댁은 우리 엄만데

자는 척 누워 있던 나
썩 내키진 않았지만
타박하고 달콤한 감자 맛에
공모자가 되기로 했다

하룻밤 비우고 돌아온 엄마
간밤에 감자밭 도둑맞았다고
모심기 때 반찬거리 없어져 큰일 났다고

수리수리 마하수리
엄마 주술 앞에서

언니는 모르쇠로 시치미를 떼고
나는 밤새도록 잠을 잤고
우리는 나쁜 서리꾼이라며
입 맞추어 욕을 하고
엄마는 긴가민가하면서도 단정 짓지 않으셨다

풋고추 그 시절
닭서리 딸기서리 수박서리
무시무시한 '범죄자'란 말 있는 줄도 몰랐던 그때
전설로 읽히는 스릴 넘치는 추억
우리는 참 따뜻한 기억을 갖고 사는 사람들.

가고 싶어라

귀뚜라미 달빛을 연주하면 가을은 절정
구름은 달 속으로 달은 구름 속으로 드나들며
왜곡을 모르던 그 날
소슬바람은 늘 맞춤처럼 적당했고
꿈은 단풍처럼 화려했었다

"밤참으로 묵어래이"
감자 품은 수제비 마루에서 기다리고
어머니 마른기침 허깨비를 쫓았다

미루나무에 걸렸던 달
쪼르르 마당으로 내려와
장독대에 한참을 놀다 갔었던 그날
가고 싶어라 보고 싶어라
강산 저 너머
그리움 부활하는 내 고향 가을

간절곶 섣달그믐

갑진년 끝자락
이랑마다 달빛을 풀어놓고
열야를 견딘 밤을 다독여
밀 이삭 붓으로 소원을 써 놓았다

을사년 새해에는
태극기도 촛불도 우리되게 하소서
을싸을싸 어깨겯고 춤추게 하소서
아, 대한민국 자랑되게 하소서

끝과 시작이 스치는 순간
바다는 묵은 기도를 토해내고
달빛은 밀이삭을 황금빛으로 익히고 있다

간절곶 그믐
다시 시작의 길이 열리고
두 손 맞잡고 새벽을 기다렸다
'무겁지 않은 내일을 주십사' 고

김삿갓을 더듬다

 젊은 날 읽었던 정비석 풍류소설 고전 '김삿갓'을 꺼내 든다 그는 영월에서 개최하는 백일장에 참석한다 그 날의 시제가 홍경래 난에 방어사로 있다가 참수당한 장동 김 씨 김익순에 대한 자기 의견을 문장으로 표현하는 자리, 평소 김익순에 대해 좋지 않은 감정을 가져온 터라 옳다구나 김익순은 참형도 부족한 천하역적이라 일필휘지로 써내려 간다

 그는 장원을 한다 그 기쁨을 안고 급히 집에 와서 평소에 생각하던 게 시제로 나와 운이 좋았다고 어머니께 자랑한다 그 이야기를 듣고 새파랗게 질린 어머니는 벽장에 숨겨 둔 사당 위패에 석고대죄하라 이른다 사시나무처럼 떨면서 김익순이 그의 조부라는 사실을 말해준다
앗, 돌이킬 수 없는 불효가 된 순간

그날부터 그는 조상께 죄인. 나라에 죄인 하늘을 보는 것조차 부끄러워 삿갓을 쓰고 팔도강산 유람의 길을 마음먹는다 본명 김병연 그의 나이 스물에 그의 생애 오십칠 년 삼십칠 년을 죽장에 삿갓 쓴 방랑인생, 김삿갓으로 살다 갔다

장터 장돌뱅이에게도 가난에 찌든 촌노들에게도 웃음을 전하는 마법사로 살았다 어려운 사람들 부탁도 저버리지 않았다 외로움을 철저히 감추고 모자란 듯 한평생 웃고 살았다 오늘따라 그런 여유한 자락이 몹시 그립다.

그의 노래를 흥얼거려 본다

죽장에 삿갓 쓰고 방랑 삼천리
흰 구름 뜬 고개 넘어 가는 객이 누구냐
열두 대문 문간방에 걸식을 하며
술 한 잔에 시 한 수로 떠나가는 김삿갓.

어진 백성 되어 있더니

욕쟁이 초등동기, 공부는 낙제생 고무줄 끊기엔 우등생 하굣길 산골길 혼자 들어서면 홍길동처럼 나타나 허리에 맨 책 보따리 까께바늘(옷핀) 빼서 달아나고 어느 날은 길을 막고 ㅆ ㅂ ㄱ ㅅ ㄴ 부끄러운 욕을 마구 쏟아내고 동네 어귀 들어설 때마다 그 아이 있을까 가슴 조여서 딴 동네로 이사 가면 참 좋겠다 생각했는데, 강산이 다섯 번 바뀐 어느 날 친구 아들 서울 결혼식장에서 만난 욕쟁이 그 아이 의젓한 그가 되어 있었다.

  민망한 모습으로 다가와서 악수를 하고 밤에 따로 만나잔다 언니 집에서 하루 쉬어가기로 하고 그러자고 대답을 했다 조카 도움 받아 찾아간 조용한 식당, 멋쩍게 손을 내민다
"오늘은 고무줄이 없는데……." 내 농담에 낯붉히는 그는 어진 백성이 되어 있다 압구정동에서 부동산을 한단다 알량한 사모님들이 주 고객이란다

그는 화려한 피류*를 탄 분명 굽 높은 사장이었다 옛이야기 토막극처럼 하다가 헤어지면서 서울에 오면 꼭 연락하라며 손을 꼭 잡는다

  다음날 하룻길 걸려 집으로 오면서 학교의 열등생이 사회에 우등생이 된다는 말, 교과서 밖의 말을 나는 진중히 읽고 있었다 그는 그렇게 용서를 빌었는데,

  일 년 후 카톡으로 날아온 낯선 문자, 감투처럼 이름 앞에 버티고 있는 故○○○
옛날 이야기하면서 다정히 고향길 걷고 싶었는데……

---

* 피류 : 바람의 영향으로 바다나 호수의 표층에 생기는 일시적인 물의 흐름.

5 부
무소유

무소유

― 송광사 불일암

송광사 불일암
하늘은 구름 한 점 없다
무소유다

바람이 피안으로 앉은 오후
댓돌 위 흰 고무신 한 컬레
묵언으로 세월을 다독이고 있다

후박나무 꽝꽝나무 배웅하는 하산길
발자국마다에 피는 꽃 꽃 꽃
내 안에 하늘이 가득 담겼다.

경주 열암곡 마애 부처님*

열암곡 마애부처님 아직도 꿈결이시다
천년을 하루같이 어둠을 다독여
저토록 편안한 저토록 밝은 미소

비를
바람을
달빛을 어루만지시고
잎새 마다에 맺힌 여명의 아침을 다독이신다

심연의 시간 천년
님이시여 이제 잠에서 깨어나 더 환한 미소
보여주소서
잠재운 사랑, 은하에 닿게 하시어
별들의 푸른 이야기 듣게 해 주소서
키를 재는 나무처럼 날마다 생각을 키워

내 안의 나를 자라게 해 주소서

님의 침묵을 읽게 해
아침을 나서는 발걸음이
세상에 미안하지 않게 해주소서
누군가의 뜨거운 감동이 되어
찰나의 아름다움을 읽게 해주소서

내일은 더 맑은 눈빛으로 세상을 보게 하시어
삶의 중심을 잃지 않게 해주소서

* 경주 열암곡 마애부처님 : 경주 남산에 600여 년 전에 일어난 지진으로 바닥에서 5cm 떨어진 틈새에 코를 박고 엎드려 계신 마애 부처님, 부처님 모습이 손상되지 않고 잘 보존되어 있음(지금 바로 세우려는 복원작업이 진행 중임)

도갑사 용수폭포

도갑사는 우리 사는 세상을 읽었을까
잿빛 하늘을 도량에 펼쳐 놓았다

도반 셋 허허한 아쉬움이 절 뒤켠을 걷는데
청아한 법문 한 소절
풀숲 기웃기웃 들어가 보니 용수폭포다

그는
연두를 풀어놓고 물소리도 풀어놓고
봄바람 리듬으로 연주를 한다

그 장단에 신난 소녀들
'내 이름은 소녀 꽃송이같이 요롷게 예쁘면 엄마 되겠죠'

'폭포에 풍덩 멱감고 싶어요'

'서둘러 하산해 나무꾼 보내줄게요'
하하 호호 행복한 꽃띠들 꽃띠들

소리가 결 되어준 용수폭포
푸른 생명들이 번뇌를 지우고
목마른 여백이 꽃을 피우고

정토사 방생법회

가랑비는 세필로 법문을 쓰고
선바위는 안개비 법의 둘러 관음으로 섰다

다시 생을 허락받은 미꾸라지
에움길에 만난 무수한 어제를 지우겠다고
그 모두를 사랑하겠다고
꼬리로 살래살래 각오를 쓴다

강기슭 두루미 날갯짓이 눈부시고
산새들 젖은 노래가 이른 아침을 깨우고

다시 생은
햇살 없는 아침이 무량한 밝음이었다.

성덕대왕신종 앞에서

파피리* 여음의 울음
에밀레~~~

된시름 물리치라 비천의 문양
궤멸 위기 살려낸 당좌의 몸짓
신라 천 년을 지키고 있다

무너지지 않을 위용 앞에 두 손 모은다
구속의 날들을 풀어주십사고

에밀레~ 에밀레~ 익숙한 그 여음
알았다~ 알았다~고 화답한다

아마도 봄 오는 길에서는
너에게 걱정 없이 환하게 입맞춤할 것 같다

* 파피리 : 파의 잎으로 만든 장난감 피리.

마산 이원수 문학관 문학기행

오월 햇살은
그 날을 봄꽃으로 피워낸다

선생님 꿈을 꽃으로 피우려
오동동에서 가포만 선창길
덜 깬 잠이 서성이던 십 리 등굣길

'나의 살던 고향은 꽃피는 산골'
이원수 시인은 어린 날
복숭아꽃 살구꽃을 살려내듯
나는 오십 년 전 그 날을 가붓이 살려본다

돗섬에서 따 왔다며 밤늦게
홍합을 삶아 주라 손 내밀던
지금은 가고 없는 고향 남자 동기
그 부탁 들어주지 못한 알량함도 살려내고
가쁜 숨 몰아 걷던 가포 고갯길

자야, 부르는 말에 '누가 나를'
향수에 반가워 돌아보면
산자락에서 허옇게 웃고 있던
결핵요양병원 아저씨들
'걸음마 날 살려라' 뛰던 그 날도
그리움으로 살아나고,

가포만은 그날처럼
알량한 자존심 담아내고 있을까
객기 많던 젊은 꿈 철썩이고 있을까

시끌벅적 어시장
피 끓던 삼일탑
몽고간장 무학산
그날이 호주머니 알밤으로 만지작거린다
울산분협 마산문학기행
가뭇한 그리움이
책갈피에 고이 간직되겠다.

출렁이는 발길

- 봉암사, 그날

일 년에 단 한 번
닫힌 문이 열리는 사월 초파일
간절한 기다림에 출렁이는 발길

세상이 어지럽다 입 다문 사람들
소원을 담은 눈빛 눈빛

기왓장엔 세월이 고이고
고목엔 기도가 매달려
오늘을 다독이듯 승무를 춘다
하얀 철쭉 바람에 물들며
순결한 숨결로 마음을 씻어란다
묵언의 기도가 꽃잎마다 맺혀
스스로를 다독이는 법을 배우란다

천년고찰 봉암사
너와 나를 다독이고 세상을 다독이는 그곳
내 안의 등불 하나 고요히 매달아 본다.

박재삼 문학관 문학기행

삼천포 갯벌에 출렁이는 가난이
한 송이 매화로 피어나고
남해 바람이 허무를 말하는
그의 그림자를 지우고

짠 내 나는 가난 속에서
시를 기러 올린 그
시 한 귀퉁이에서
갯벌 진흙 냄새가 묻어났다

그날
슬픔보다 더 오래된 낮은 목소리가
바다보다 조용히 출렁이는 말이
한 자락 바람 되어
나를 흔들었다

'시를 쓰는 일은
기와를 갈아 거울을 만드는 일이라고'

주검 하나

― 어느 기업인을 보내며

 큰별 하나 떨어졌다. 별똥 부스러기 십조 개가 넘 다는 데 손잡고 사는 그들 산산이 부서질까 살림살 이 박해질까 우리는 겁이 나고 저 건너 코쟁이는 신이 나고 떼쟁이는 더 신이 나고 흥이 나고

 푸른 지붕 사람들 알기나 할까 이러다간 정말 이 러다간 우리들의 내일, 체중 미달이 분명한데 얼뜨 기로 살아야 한다는 것 어리석은 나쯤도 알겠는데 뒷박신세 면하려면 채종밭 다독다독 북을 돋아야 하는데,

 그것만이 세계 속에 별이 되는 길 엄지척이 되는 길 그 별들 온 누리에 빛 되어 멎지 않은 역사의 숨 결 지켜낼 텐데.

시인의 말

「숨결, 바람꽃으로 피다」를 첫 시집을 시작으로 네 번째 시집을 상재합니다. 시집을 내는 마음은 늘 아쉬움이 남습니다. 깊은 은유도 철학도 없는 글을 시집으로 세상에 내보낸다는 게 미안해서입니다. 하지만 나름대로의 살아온 이야기를 담백하게 쓰려고 마음을 모았습니다. 하여 스토리가 있는 글이라고 스스로를 위로해 봅니다. 시집 내용은 5부로 구성하였고 각 부의 끝부분은 산문시를 실었습니다.

이번에 시집을 내면서 시집 표제를 두고 며칠을 고민했습니다. '가을 잎맥으로 남을'과 '푸른 바람'을 두고 글짓기 대회에서 장원을 두고 고민하듯 한참을 서성거렸습니다.

'가을 잎맥으로 남을'은 여생을 아름나운 마무리로 하자는 마음을 담았고 '푸른 바람'은 생을 마감해야 할지도 모르는 귀로에 선 한 사람을 지켜보면서 쓴 글입니다.

　우리는 숙제처럼 하루하루를 살고 있다는 생각을 해보았습니다. 어느 날 마지막을 경고하면 그때 나는 어떻게??? 무수한 물음표를 던져 봅니다. 나를 너를 그리고 당신을 사랑할 수 있는 감사한 바람이기를 소원하면서 푸른 바람으로 표제를 정했습니다.

　'당신을 사랑합니다. 그리고 오늘을 사랑합니다' 이 말을 세상에 조용히 전하면서 무량한 고마움을 담아 「푸른 바람」 시집을 세상에 내보냅니다.